校《こう》内《ない》放《ほう》送《そう》でつかえる

学《がっ》校《こう》なぞなぞ

1 授業編《じゅぎょうへん》

文・ながた みかこ
絵・多屋 光孫

汐文社《ちょうぶんしゃ》

はじめに

みーんな大好《だいす》き、なぞなぞ遊《あそ》び！　考《かんが》えて、ピンときて、正解《せいかい》したときのすっきり感《かん》。ほかのゲームでは、けっして味《あじ》わえない楽《たの》しさですね。頭《あたま》を使《つか》うから脳《のう》にもいいし、知《し》っている言葉《ことば》の数《かず》もどんどん増《ふ》えます。問題《もんだい》を出《だ》しあえば、なぞなぞ友《とも》だちも増《ふ》えていく！

このなぞなぞ本《ほん》は、学校《がっこう》の校内放送《こうないほうそう》にも使《つか》えるように、答《こた》えのページにちょっとくわしい解説《かいせつ》をつけました。放送《ほうそう》で解説《かいせつ》を読《よ》めば、ラジオの司会者《しかいしゃ》のように楽《たの》しいおしゃべりができるかも!?

また、各巻《かくかん》の問題《もんだい》も、校内放送《こうないほうそう》にふさわしいテーマを選《えら》びました。**①授業編《じゅぎょうへん》**／**②給食《きゅうしょく》・休《やす》み時間編《じかんへん》**／**③放課後《ほうかご》・クラブ活動編《かつどうへん》**の3巻《かん》です。校内放送《こうないほうそう》だけではなく、休《やす》み時間《じかん》も家《いえ》に帰《かえ》ってからも、たくさん楽《たの》しんでくださいね。

もくじ

❶本《ほん》を閉《と》じたときに出《で》てくる
2ひきの動物《どうぶつ》は？

❷読書中《どくしょちゅう》に
サイコロを
ふったら、
出《で》た数字《すうじ》は？

❸本《ほん》にかくれるのが
得意《とくい》な４つの
「おり」ってなあに？

❹国語《こくご》の時間《じかん》、
書《か》いて
おぼえなきゃ
いけないのは
なん時《じ》？

答《こた》えは 24 ～ 25 ページにあるよ

❺カサカサにかわいている作文《さくぶん》ってなあに？

❻自転車《じてんしゃ》の前《まえ》のほうに積《つ》んでいる本《ほん》って？

❼図書館《としょかん》で大《おお》さわぎする子《こ》は、なんさい？

❽本《ほん》についてくる、当《あ》たらないクジってなあに？

答《こた》えは 24 ～ 25 ページにあるよ

❾ 読書《どくしょ》を進《すす》めていくと、最後《さいご》に本《ほん》はなん枚《まい》になる？

❿ ６年生《ねんせい》のテストなのに、１年生《ねんせい》の子《こ》がかんたんに書《か》いちゃったって。どんなことを書《か》いた？

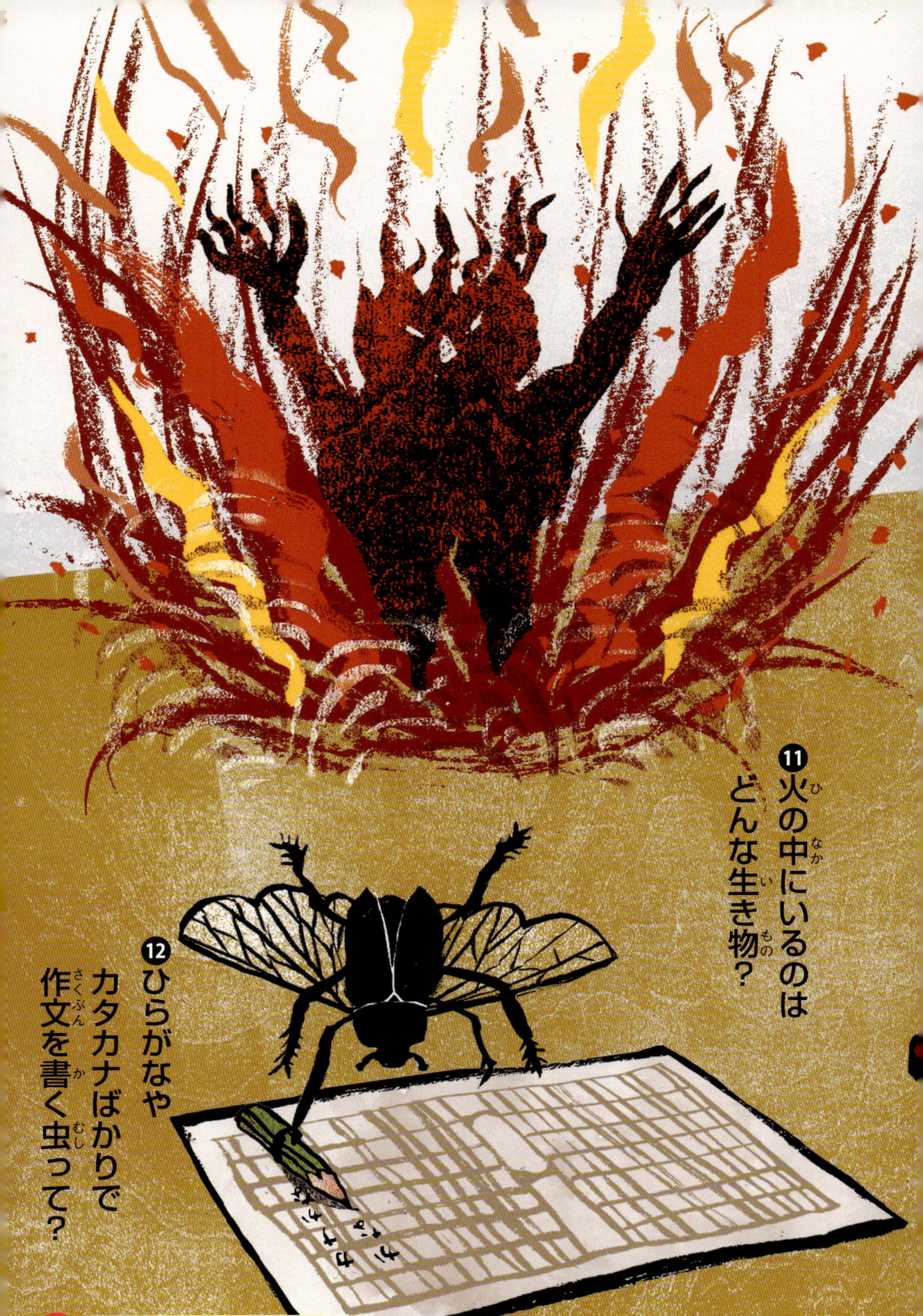

⑪火《ひ》の中《なか》にいるのは
どんな生《い》き物《もの》？

⑫ひらがなや
カタカナばかりで
作文《さくぶん》を書《か》く虫《むし》って？

❶数字《すうじ》を数《かぞ》えていたら出《で》てきた虫《むし》って？

❷100ひく1は
なに色《いろ》？

❸3回《かい》はくと
つかれちゃう、
はき物《もの》って？

❹雑誌《ざっし》についてくる、
うれしい6ってなあに？

答《こた》えは 24 ～ 25 ページにあるよ

❺サンカクだけどシカクって
なんのこと？

❻「＋」「－」「×」「÷」。
人《ひと》に迷《めい》わくをかけるのは
どの記号《きごう》？

❼ 12に向《む》かって
上《あ》がってゆき、
12をすぎると
下《さ》がっていくものは？

❽ 343って
どんな料理《りょうり》？

答《こた》えは 24 ～ 25 ページにあるよ

9 かけて
使《つか》うもので、
わると
使《つか》えない
ものは？

⑩ 310円《えん》で売《う》っている調味料《ちょうみりょう》ってなあに？

⑪ あなをあける道具《どうぐ》なのに、勉強《べんきょう》でも使《つか》うものはなあに？

⑫ 5わる2で出《で》てきた食《た》べ物《もの》は？

答《こた》えは 24 ～ 25 ページにあるよ

⑬算数《さんすう》で使《つか》う土器《どき》ってどんな土器《どき》?

⓮3びきの子《こ》ブタの体重《たいじゅう》をたすとどれだけになる?

⓰走《はし》りながらする計算《けいさん》ってどんな計算《けいさん》?

⓯中《なか》にくじが入《はい》っているじょうぎってなあに?

⑰かけたり、
たったり、
つぶしたり。
これなあに？

⑱算数《さんすう》の勉強中《べんきょうちゅう》、
笑《わら》い声《ごえ》が聞《き》こえてきた。
さて、どんな
勉強《べんきょう》をしていた？

⑲ 数《かぞ》えはじめると、
きゅうに増《ふ》える数字《すうじ》って
なあに？

⑳ 数字《すうじ》に
かくれていた虫《むし》が
育《そだ》ったら
ハエに
なったって。
なにが
かくれていた？

答《こた》えは 24 ～ 25 ページにあるよ

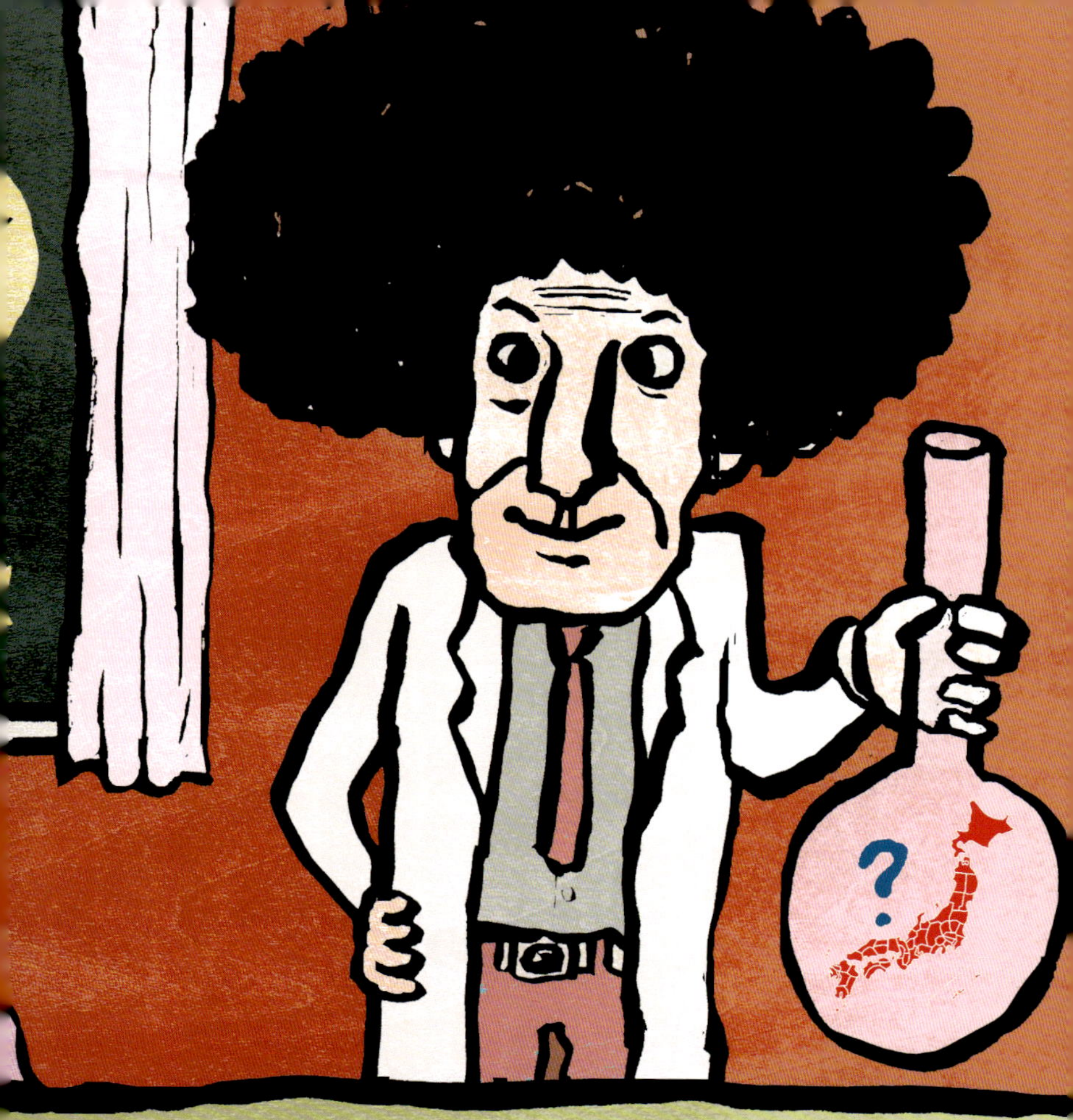

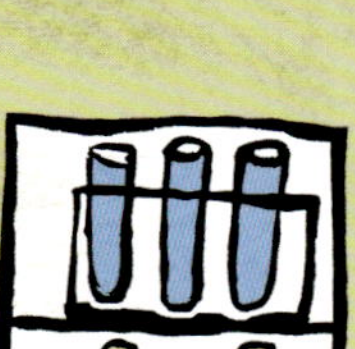

❶ビーカーや
試験管《しけんかん》を使《つか》うのは
なに県《けん》？

❷ウトウト
しはじめると
出《で》てくる月《つき》って？

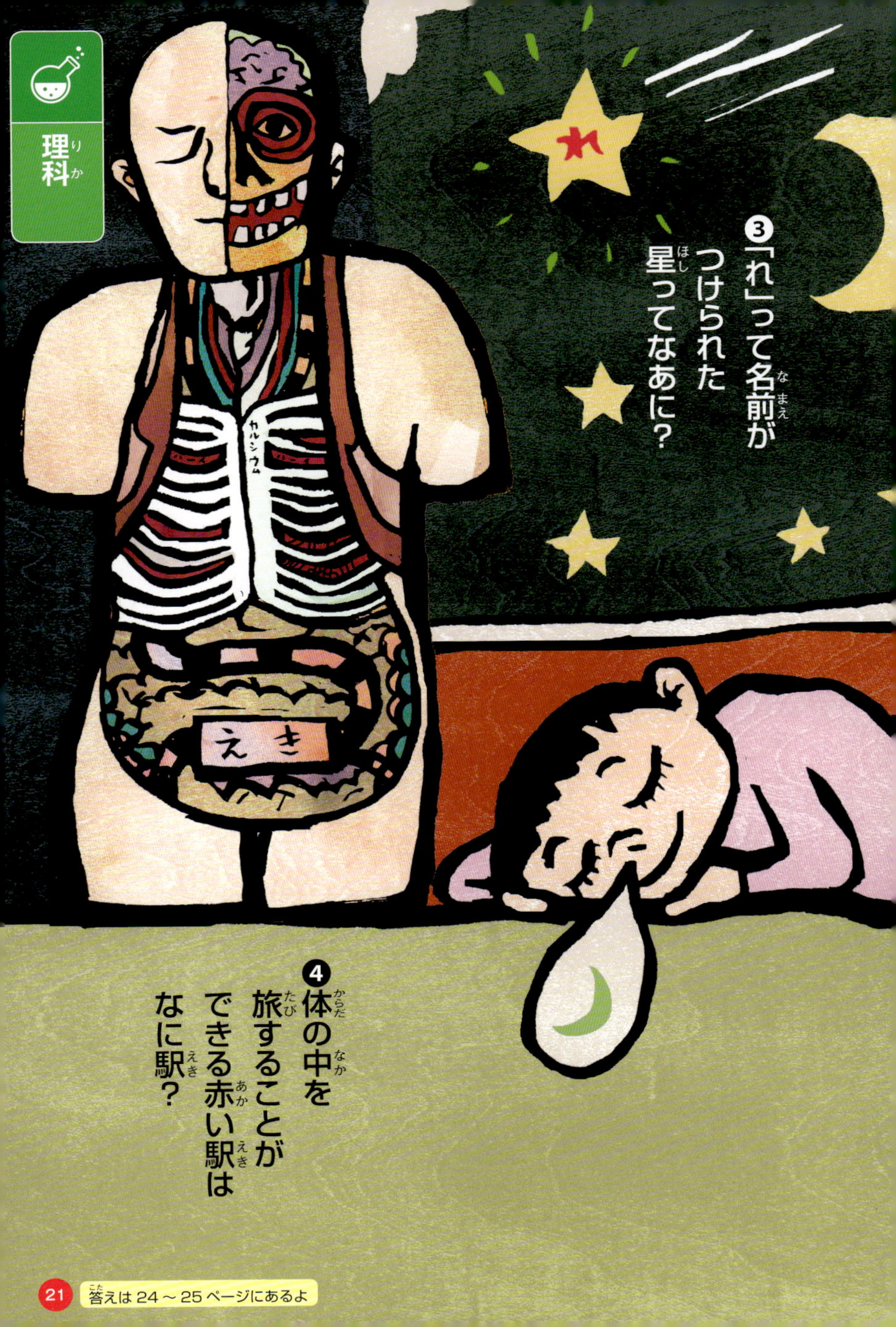

❸「れ」って名前《なまえ》がつけられた星《ほし》ってなあに？

❹体《からだ》の中《なか》を旅《たび》することができる赤《あか》い駅《えき》はなに駅《えき》？

答《こた》えは 24 ～ 25 ページにあるよ

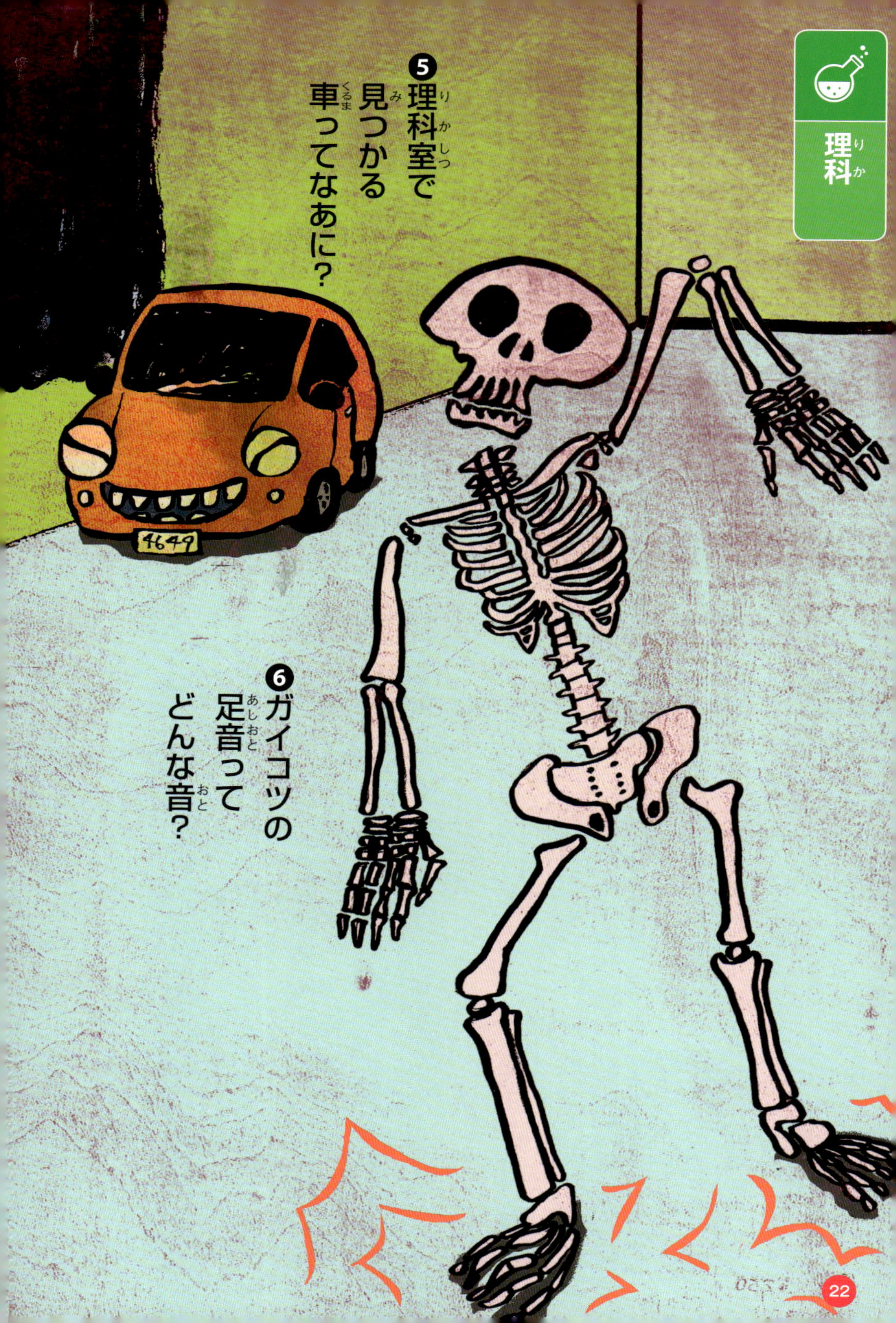
❺理科室《りかしつ》で
見《み》つかる
車《くるま》ってなあに？
❻ガイコツの
足音《あしおと》って
どんな音《おと》？
4649

7 へんなにおいのする星《ほし》ってなあに？

8 自由研究《じゆうけんきゅう》でキツネとネズミの鳴《な》き声《ごえ》を集《あつ》めたんだって。なんのこと？

答《こた》えは 24 ～ 25 ページにあるよ

国語《こくご》

❶ヒョウとウシ
本《ほん》を閉《と》じたら出《で》てくるのはひょうし。ヒョウとウシがかくれてるね。

❷４
読書中《どくしょちゅう》だから「読《よ》んでる」だね。読《よ》んでる、４出《で》る……で答《こた》えは４！

❸しおり
４つのおりで、しおり。動物《どうぶつ》を閉《と》じこめることはできないおりだよ。

❹漢字《かんじ》
なん時《じ》といっても時刻《じこく》じゃないよ。書《か》いておぼえるのはか・ん・じ！

❺感想文《かんそうぶん》
かわいていることをカンソウっていうよね。感想文《かんそうぶん》はカッサカサ～！

❻辞典《じてん》
自転車《じてんしゃ》の前《まえ》のほうを見《み》てみると……。自転《じてん》？　辞典《じてん》だ！　辞典《じてん》みっけ！

❼うるさい
１さいでも２さいでもなく、うるさい。たとえなんさいでもうるさーい！

❽もくじ
クジはクジでも、もくじという名《な》のクジ。残念《ざんねん》だけど当《あ》たらないよ。

❾おしまい
１枚《まい》？　２枚《まい》？　ううん、もうおしまい！

❿名前《なまえ》
問題《もんだい》がわからなくても、名前《なまえ》ならスラスラかける！　まかせといて!?

⓫人《ひと》
「火《ひ》」という漢字《かんじ》をよく見《み》てみると、真《ま》ん中《なか》に「人《ひと》」がいるよ。

⓬カナブン
ひらがなとカタカナを「かな」というよ。かなの文《ぶん》だからカナブン！

算数《さんすう》

❶ハチ
１、２、３、４、５、６、７……８。ほら、ハチが出《で》てきたよ。

❷白《しろ》
漢字《かんじ》で百《ひゃく》を書《か》いて、一《いち》をひいてみて。ほら、白《しろ》の字《じ》、出《で》てきたよね。

❸サンダル
つかれているようすは「ダル～」。「ダル～」が３回《かい》で、サンダル～。

❹ふろく
数字《すうじ》の６はついてこないよね。ついてきてうれしいのは、ふ・ろ・く！

❺口《くち》
漢字《かんじ》の口《くち》を書《か》いてみて。画数《かくすう》は３画《かく》だけど、形《かたち》は四角《しかく》だよ。

❻÷
かけるだから、「×」の記号《きごう》だと思《おも》った？　人《ひと》に迷《めい》わくをかけるのはワル！

❼時計《とけい》のはり
時計《とけい》のはりは12に向《む》かって上《あ》がっていって、12すぎると下《した》に向《む》かうでしょ。

❽さしみ
さんの「さ」、しの「し」、みっつの「み」で、さしみだよ。

❾メガネ
メガネはかけて使《つか》うけど、わると使《つか》えなくなっちゃう。わっちゃダメ。

❿さとう
10を「とお」って読《よ》むのがポイントだね。3と10でさとうだよ。

⓫ドリル
ドリルは問題集《もんだいしゅう》だけど、あなをあける道具《どうぐ》にも同《おな》じ名前《なまえ》のものがあるんだよ。

⓬ごはん
2でわるってことは半分《はんぶん》にするってこと。5の半分《はんぶん》だからごはんだよ。

⓭分度器《ぶんどき》
ドキはドキでも算数《さんすう》で使《つか》うのは、角度《かくど》をはかる分度器《ぶんどき》だね。

⓮3トン
ブタの漢字《かんじ》「豚《ぶた》」はトンって読《よ》むんだ。ブタが3つで3トンだよ。

⓯三角《さんかく》じょうぎ
さんかくじょうぎ。真《ま》ん中《なか》あたりに「くじ」が見《み》つかるよね。

⓰かけ算《ざん》
走《はし》ることを「かける」っていうからね。走《はし》りながら計算《けいさん》、むずかし～!

⓱時間《じかん》
時間《じかん》をかける、時間《じかん》がたつ、時間《じかん》をつぶす……。かけ算《ざん》じゃないよ。

⓲九九《くく》
ククク……と笑《わら》い声《ごえ》が聞《き》こえてきそうでしょ。ちょ、ちょっとこわい⁉

⓳8
いきなり数《かず》が増《ふ》えるんじゃなくて、9に増《ふ》えるってことでした～。

⓴ウジ
すうじって言葉《ことば》には「うじ」がかくれてるね。ウジはハエの幼虫《ようちゅう》だよ。

理科《りか》

❶実験《じっけん》
都道府県《とどうふけん》のどこかじゃなくて、実験《じっけん》というケンでした～。

❷ねつき
ウトウトとねはじめたときのことを「ねつき」っていうんだ。

❸ながれ星《ぼし》
名前《なまえ》が「れ」だから、名《な》が「れ」、ながれ星《ぼし》!

❹血液《けつえき》
エキはエキでも電車《でんしゃ》がとまる駅《えき》じゃなくて、液体《えきたい》のエキだよ。

❺ビーカー
車《くるま》のことを英語《えいご》で「カー」っていうんだよ。

❻コツコツ
「骨《ほね》」を音読《おんよ》みすると「コツ」。骨《ほね》だからコツコツ歩《ある》くんだ。

❼わく星《せい》
においをかいだら、思《おも》わず出《で》た言葉《ことば》が「わ、くせー!」。

❽こん虫採集《ちゅうさいしゅう》
キツネが「コン」でネズミが「チュウ」。だからコンチュウ採集《さいしゅう》だよ!

❾雨《あめ》をふらせたり、虫《むし》を食《た》べたりするものってなあに？

❿花《はな》と種《たね》のあいだにはなにがあるかな？

花と種

⓫いつも種《たね》をかくしているのはだれ？

⓬体《からだ》にも学校《がっこう》にもあるものってなあに？

答《こた》えは 36 ページにあるよ

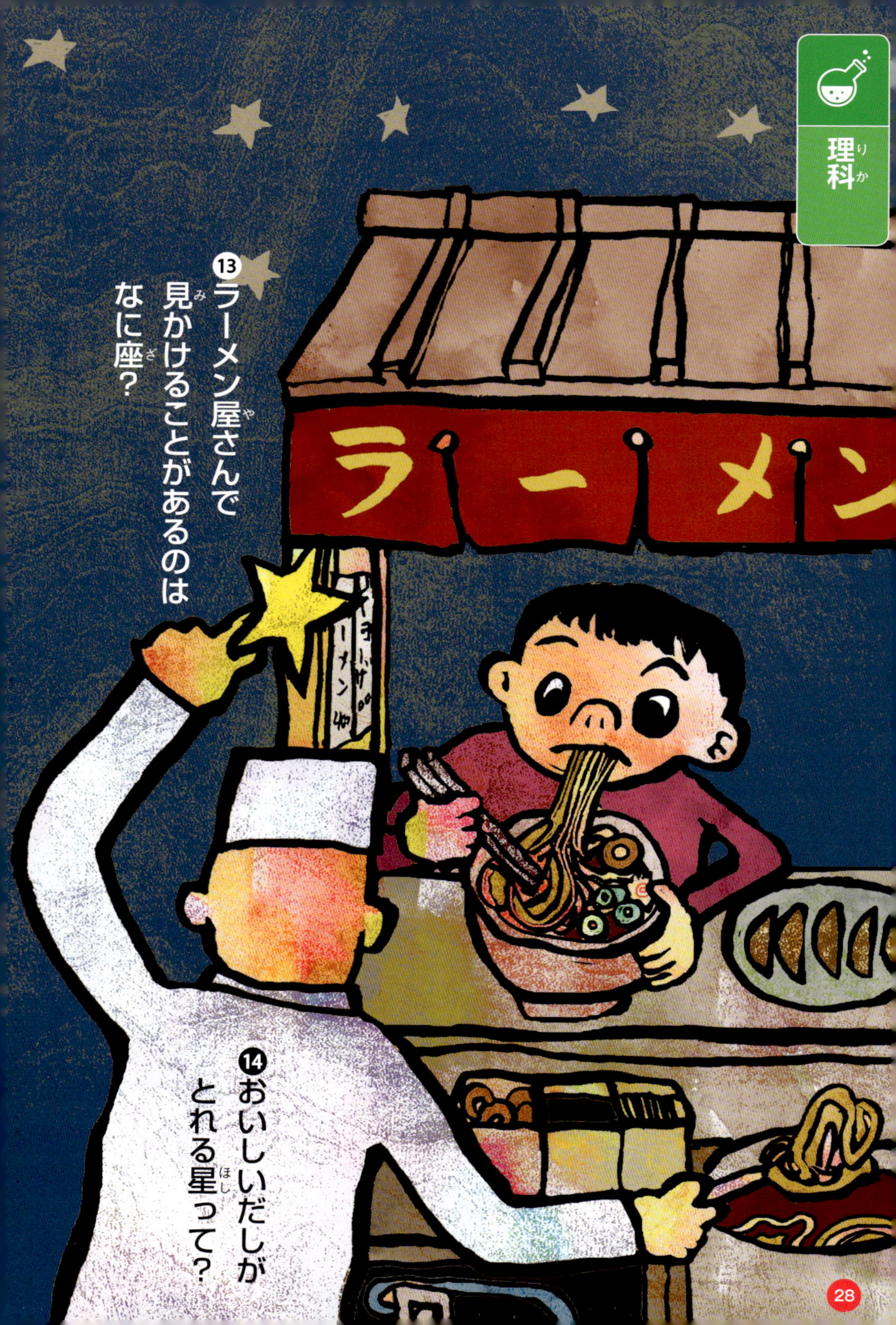

⑬ラーメン屋《や》さんで見《み》かけることがあるのはなに座《ざ》？

⑭おいしいだしがとれる星《ほし》って？

15 ベランダや庭《にわ》で見《み》つかる星《ほし》って？

16 水《みず》をいっしゅんでこおらせるにはどうしたらいい？

答《こた》えは36ページにあるよ

❶地図《ちず》にも地球《ちきゅう》ぎにものっていない国《くに》ってどこ？

❷投《な》げたりけったりしちゃダメで、社会科《しゃかいか》で使《つか》われる球技《きゅうぎ》ってなあに？

せかいじゅう

③世界中《せかいじゅう》で見《み》つかる、こわい生物《せいぶつ》ってなあに？

④遺《い》せき発《はっ》くつ中《ちゅう》の考古学者《こうこがくしゃ》はどんな気持《きも》ち？

※考古学者《こうこがくしゃ》……むかしの道具《どうぐ》などを調《しら》べる仕事《しごと》のこと。

答《こた》えは36ページにあるよ

❺むかしのお墓《はか》が発見《はっけん》された！考古学者《こうこがくしゃ》はどんな気持《きも》ち？

❻遺《い》せきの中《なか》から
出《で》てきた庭《にわ》って？

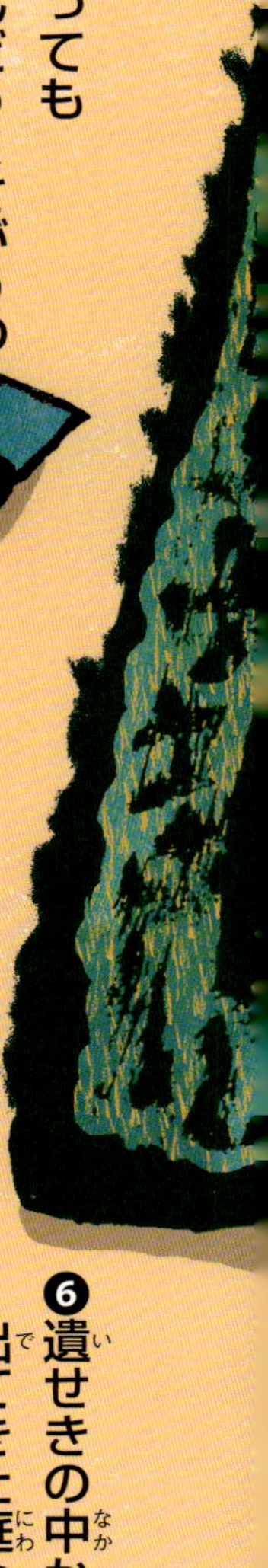

❼とっても
めんどうくさがりの
将軍《しょうぐん》のことを
なんていう？

❽将来《しょうらい》、
さむらいに
なるっていう魚《さかな》は？

答《こた》えは36ページにあるよ

社会《しゃかい》

❾2階《かい》があまいおかし、1階《かい》が学校《がっこう》の授業《じゅぎょう》。これどこの国《くに》？

❿むかしむかし、人《ひと》びとがいきなりかぜをひいた時代《じだい》っていつ？

⓫漢字《かんじ》で書《か》いちゃ
ダメっていわれる
国《くに》はどこ?

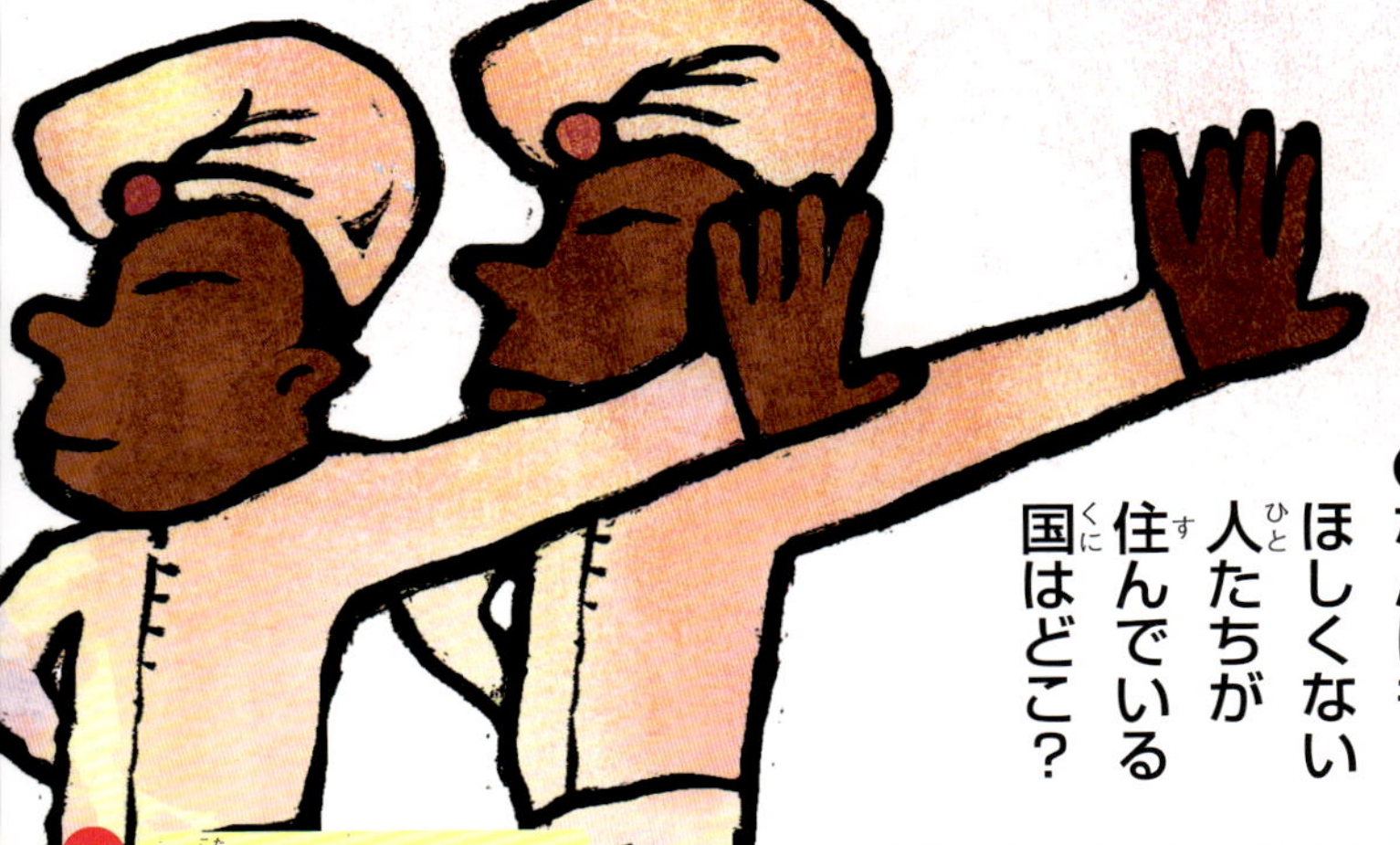

⓬なんにも
ほしくない
人《ひと》たちが
住《す》んでいる
国《くに》はどこ?

答《こた》えは 36 ページにあるよ

理科《りか》

❾クモ

空《そら》のクモが雨《あめ》をふらせて、生《い》き物《もの》のクモが虫《むし》を食《た》べるよ。

❿「と」の字《じ》

「花《はな》と種《たね》」だからあいだには「と」の文字《もじ》があるね。イジワル問題《もんだい》〜!

⓫マジシャン

マジシャンがするマジックには、かならず種《たね》があるからね。

⓬こうもん

学校《がっこう》の入口《いりぐち》には校門《こうもん》があって、人間《にんげん》には肛門《こうもん》があるね。きゃ〜!

⓭ぎょうざ

ロマンチックな星座《せいざ》じゃなくて、おいしいギョウザでした!

⓮にぼし

イワシをほしてつくったにぼしは、お料理《りょうり》で使《つか》うだしがとれるんだよ。

⓯ものほし

せんたく物《もの》をほす、ものほし。朝《あさ》でも昼《ひる》でも見《み》えるほしだね☆

⓰点《てん》を打《う》つ(水《みず》→氷《こおり》)

「水《みず》」の左上《ひだりうえ》に点《てん》を打《う》つと……?ほら「氷《こおり》」になったでしょ!

社会《しゃかい》

❶天国《てんごく》

どこにあるか見《み》てみたいけど、地図《ちず》では確認《かくにん》できないね。

❷地球《ちきゅう》ぎ

キュウギはキュウギでも地球《ちきゅう》ぎ。投《な》げたりけったりしちゃダメだよ!

❸かいじゅう

せかいじゅう。ほら、よく読《よ》むとかいじゅうが見《み》つかったでしょ?

❹ドキドキ

遺《い》せきを発《はっ》くつすると土器《どき》が出《で》てくることがあるよね。だからドキドキ!

❺興奮《こうふん》した

むかしのお墓《はか》のことをこふんっていうんだ。こふんが見《み》つかってコーフン!

❻はにわ

ニワはニワでも、はにわだよ。土《つち》でできた焼《や》き物《もの》をはにわというんだ。

❼武将《ぶしょう》

めんどうくさがりを「ぶしょう」っていうんだ。きみも武将《ぶしょう》かな?

❽カツオ

さむらいは武士《ぶし》ともいう。カツオはカツオぶしになるからさむらいさ。

❾アメリカ

上《うえ》が「アメ」で下《した》が「理科《りか》」だからアメリカ!

❿旧石器時代《きゅうせっきじだい》

急《きゅう》にせきが出《で》たから急《きゅう》せっき時代《じだい》
……なんちゃって‼

⓫カナダ

ひらがなやカタカナは「かな」。カナダは「カナだ!」なんてね。

⓬イラン

イランの人《ひと》たちはなんにもイラン⁉ ダジャレ問題《もんだい》でした!

コラム

なぞなぞのつくりかた❶ もうひとつの語《ご》でつくる

言葉《ことば》の中《なか》にかくれている、もうひとつの語《ご》をさがして、なぞなぞをつくってみよう。言葉《ことば》をよく見《み》ることが大切《たいせつ》！

❶なぞなぞをつくりたい言葉《ことば》を書《か》きだして、かんたんに意味《いみ》を書《か》こう。

ノート → 勉強中《べんきょうちゅう》に字《じ》を書《か》くもの
手帳《てちょう》 → 予定《よてい》を書《か》くもの　メモを取《と》るもの
辞典《じてん》 → 意味《いみ》を調《しら》べる本《ほん》

❷言葉《ことば》をひらがなにして、ほかの語《ご》がかくれていないかさがそう。かくれていないときは、ほかの言葉《ことば》で試《ため》してみてね。

の<u>おと</u> → 音《おと》、戸《と》
て<u>ちょう</u> → チョウ
じ<u>てん</u> → 店《てん》、点《てん》

❸①で書《か》きだした意味《いみ》と②でさがした語《ご》をくっつけて、問題文《もんだいぶん》にしよう。

工夫《くふう》してじょうずにつくろう。きみのうでの見《み》せどころだ！

完成《かんせい》！

勉強中《べんきょうちゅう》に字《じ》を書《か》こうと（→❶の意味《いみ》）**すると聞《き》こえる音《おと》**（→❷の語《ご》）**って？**

（答《こた》え：ノート）

完成《かんせい》！

予定《よてい》を書《か》く（→❶の意味《いみ》）**のが仕事《しごと》のチョウ**（→❷の語《ご》）**ってなあに？**

（答《こた》え：手帳《てちょう》）

完成《かんせい》！

意味《いみ》がわからないのは0点《てん》（→❷の語《ご》）**、意味《いみ》を調《しら》べる**（→❶の意味《いみ》）**のはなん点《てん》？**

（答《こた》え：辞典《じてん》）

⑬イカが通《とお》せんぼしてくる国《くに》ってどこ？

⑭なんでもかんでも
自分《じぶん》のものだって
いってくる国《くに》はどこ？

⑮話《はなし》の長《なが》い
人《ひと》ばかりがいる
国《くに》ってどこ？

⑯赤《あか》ちゃんばっかりが
住《す》んでいる国《くに》ってどこ？

答《こた》えは 58～59 ページにあるよ

⑰下《した》から見《み》ると
暗《くら》い国《くに》ってどこ？

⑱地図《ちず》を
ぐーんとひっぱると
できる食《た》べ物《もの》って
なあに？

社会《しゃかい》

⑲オーストラリアの真《ま》ん中《なか》あたりに住《す》んでいる動物《どうぶつ》ってなあに？

⑳フランスでクッキーを食《た》べるとどんな音《おと》がする？

答《こた》えは 58 ～ 59 ページにあるよ

❶楽器《がっき》を買《か》いかえたくなるときっていつ？

❷いつもペットを連《つ》れている楽器《がっき》ってなあに？

❸学校《がっこう》で歌《うた》う、
とっても
値段《ねだん》の高《たか》い
歌《うた》ってなあに？

❹歌《うた》ってたら
寒《さむ》くなって
カチカチに
こごえちゃった！
どんな歌《うた》いかたを
していたのかな？

答《こた》えは 58 ～ 59 ページにあるよ

❺木曜日《もくようび》と金曜日《きんようび》に演奏《えんそう》したくなる楽器《がっき》って？

❻たたくとはでな音《おと》を立《た》ててこわれる楽器《がっき》って？

difficult
天才
じゅげむじゅげむ
ごこうのすりきれ
かいじゃり

❼とっても頭《あたま》のいいふえって?

❽暗記《あんき》の得意《とくい》な楽器《がっき》って?

❾演奏発表会《えんそうはっぴょうかい》で
ひとりだけ
後《うし》ろを向《む》いているのはだれ？

❿週末《しゅうまつ》に
歌《うた》うのは
どんな歌《うた》？

⓫ぴりっと
からい
タイコって
なあに？

⓬原《はら》っぱから
聞《き》こえてくる
楽器《がっき》の音《おと》って
なあに？

♫
音楽《おんがく》

答《こた》えは 58 〜 59 ページにあるよ

⑬聞《き》いていると
ツーンとなみだが
出《で》るものって
なあに？

⑭ため息《いき》と
おならの
音《おと》がする
楽器《がっき》って
なあに？

⑮じっくり ゆっくりと シチューを にこんで いるときに 聞《き》こえてきたのは どんな楽器《がっき》？

⑯耳《みみ》を すましているのは どんな花《はな》？

答《こた》えは 58 〜 59 ページにあるよ

⑰中《なか》に種《たね》が入《はい》っている楽器《がっき》ってなあに？

⑱いろんな歌《うた》にかくれている、みんなの大好《だいす》きな食《た》べ物《もの》ってなあに？

⑲たくさんの楽器《がっき》を持《も》っているトラってなあに？

⑳大《おお》むかしにつくられた楽器《がっき》は？

答《こた》えは 58 ～ 59 ページにあるよ

①どろぼうが使《つか》うスミってなあに?

②目《め》の中《なか》にある、ふたつの文字《もじ》ってなあに?

❸字《じ》も絵《え》も
手《て》で書《か》くけれど、
足《あし》でしか
書《か》けないものって
なあに？

❹食事《しょくじ》のときに
使《つか》う文字《もじ》って
どんな文字《もじ》？

答《こた》えは 58 ～ 59 ページにあるよ

5 はずかしいときにかいちゃう字《じ》ってどんな字《じ》？

6 男《おとこ》の子《こ》が10個《こ》持《も》っているという、習字《しゅうじ》の道具《どうぐ》はなあに？

❼秋《あき》になると赤《あか》くなったり
黄《き》色《いろ》くなったりする字《じ》はなあに？

❽なきそうになったときに
かくものってなあに？

答《こた》えは58～59ページにあるよ

❶どんなに
おもしろいことを
いっても
スベりまくる
授業《じゅぎょう》ってなあに?

❷おなかを
おすと
頭《あたま》から
色《いろ》つきの
ツノを出《だ》すのは?

図工《ずこう》

❸モアイ像《ぞう》があるのは
イースターとう、
チョウがいるのは
なにとう？

❹図工《ずこう》の時間《じかん》に
あらわれる
白《しろ》い牛《うし》ってなあに？

答《こた》えは 58 ～ 59 ページにあるよ

音楽《おんがく》

❶新学期《しんがっき》
新《あたら》しい楽器《がっき》だから、しんがっき。年《ねん》に3回《かい》のところが多《おお》いよね。

❷トランペット
トランペットはかならず名前《なまえ》にペットがついてくるね。なんのペットだろ。

❸校歌《こうか》
値段《ねだん》が高《たか》いことを「高価《こうか》」というんだ。高級《こうきゅう》な歌《うた》だからありがたい!?

❹コーラス
コーラスだからこおらすの。歌《うた》がヘタすぎて寒《さむ》くなったんじゃないよ!

❺木《もっ》きん
木《もく》と金《きん》だから、もっきん。曜日《ようび》がふたつも入《はい》ってるなんておもしろいね。

❻タンバリン
タン! とたたくと、バリン! とこわれちゃう。取《と》りあつかい注意《ちゅうい》!

❼リコーダー
頭《あたま》のいい人《ひと》をりこうというね。リコーダーはとってもりこうだ〜!

❽オーボエ
暗記《あんき》はおぼえること。おぼえがいいのはオーボエだっておーぼえといて!

❾指揮者《しきしゃ》
演奏者《えんそうしゃ》は客席《きゃくせき》を向《む》いているけど、指《し》揮者《きしゃ》は客席《きゃくせき》におしりを向《む》けてるよね。

❿童《どう》よう
週末《しゅうまつ》は土曜日《どようび》、土曜《どよう》だから、童《どう》よう。土曜《どよう》に歌《うた》うのは童《どう》ようでどうよ?

⓫めんたいこ
めんたいこは、たらこでつくったピリッとからい食《た》べ物《もの》だよ。

⓬らっぱ
「はらっぱ」には「らっぱ」があるね。演奏《えんそう》してるのは虫《むし》たちかなあ?

社会《しゃかい》

⓭ジャマイカ
通《とお》せんぼされるとじゃま。イカがじゃまをしてくるからジャマイカ。

⓮オランダ
それは、おらンだ! これも、おらンだ! あれもこれも、おらンだ!

⓯カタール
カタールの人《ひと》は語《かた》る語《かた》る! 話《はなし》が長《なが》いのさ〜。

⓰ニュージーランド
赤《あか》ちゃんのことを乳児《にゅうじ》というよ。乳《にゅう》児《じ》が住《す》んでるニュージーランド。

⓱イラク
イラクを下《した》から読《よ》んでみると、クライ、だね。

⓲チーズ
ちずをぐーんとひっぱると、ぐーんとのびるから……ちーず!

⓳トラ
オーストラリアの名前《なまえ》をよく見《み》てみると、真《ま》ん中《なか》あたりに、トラ!

⓴パリッ!
フランスの首都《しゅと》はパリ。フランスで食《た》べるとパリパリだよ〜。

⑬からし、わさび

から い味《あじ》がすることを「きく」という。きくのは音《おと》だけじゃないんだ。

⑭ハープ

ため息《いき》が「ハー」、おならが「プ〜」。あわせてハープだよ。

⑮こと

コトコトにこむから「こと」。ことが正解《せいかい》ってこと、そういうこと！

⑯キク

キクの花《はな》はよく聞《き》くのです。いつも耳《みみ》をすまして聞《き》くのがキクなのです。

⑰カスタネット

カスタネットの真《ま》ん中《なか》にはタネ。カスタネットの芽《め》が出《で》るかなあ？

⑱かし

曲《きょく》に合《あ》わせて歌《うた》う歌詞《かし》。どれだけ口《くち》にしても虫歯《むしば》にならないカシだよ。

⑲オーケストラ

50〜100人《にん》くらいで演奏《えんそう》するオーケストラ。楽器《がっき》もたくさんだ！

⑳たいこ

大《おお》むかしのことを「太古《たいこ》」っていうんだ。新《あたら》しくても、古《ふる》そうな名前《なまえ》だね！

書道《しょどう》

❶ぬすみ

スミはスミでもぬすみだよ。そんなスミ、使《つか》っちゃいけないからね！

❷「ひ」と「み」

目《め》の真《ま》ん中《なか》にある、色《いろ》のついた丸《まる》い部分《ぶぶん》がひとみ。「ひ」と「み」さ。

❸あぐら

あぐらで座《すわ》ることを「あぐらをかく」というんだ。足《あし》でかくものだね。

❹しゃもじ

読《よ》んだり書《か》いたりする文字《もじ》じゃなく、ごはんをよそうモジだよ。

❺はじ

かきたくないのにかいちゃうことがあるんだよね、はじって。

❻ぼくじゅう

ぼくが10個《こ》でぼくじゅうだよ。10個《こ》もいるのかなあ〜。

❼もみじ

ジはジでも、もみじ。秋《あき》になると、きれいに色《いろ》づくのが楽《たの》しみだね。

❽べそ

なきそうになっていることを「べそをかく」っていうんだよ。

図工《ずこう》

❶図工《ずこう》

なにをいってもズコーッとスベりまくるんだ。きみも注意《ちゅうい》しなきゃね。

❷えのぐ

チューブをおすと、ツノみたいにえのぐがニュルっと出《で》るよね。

❸ちょう刻刀《こくとう》

チョウチョの島《しま》があったらきれいだろうけど、ちょう刻刀《こくとう》は島《しま》じゃない……！

❹画用紙《がようし》

がようしというウシだよ。モー、早《はや》く絵《え》をかいて！ っていってるかも？

図工《ずこう》

❺じょうずに
ウソをつきながら、
はんがをするのは？

❻かんたんにとれない
キスマークをのこしていく
文《ぶん》ぼう具《ぐ》って
なあに？

❼よぶと
きちんと返事《へんじ》をする
色《いろ》ってなに色《いろ》?

❽クレヨンや色《いろ》えんぴつに
人間《にんげん》がかくれているって。
だあれ?

答《こた》えは 70 ページにあるよ

❶はさみで
切《き》って
ためていくものって
なあに？

❷布《ぬの》に書《か》く
ポエムって
なあに？

❸予感《よかん》が当《あ》たったときにあらわれるはりって？

❹服《ふく》をつくっていたら、法律《ほうりつ》を守《まも》っていないといわれた。なぜ？

答《こた》えは 70 ページにあるよ

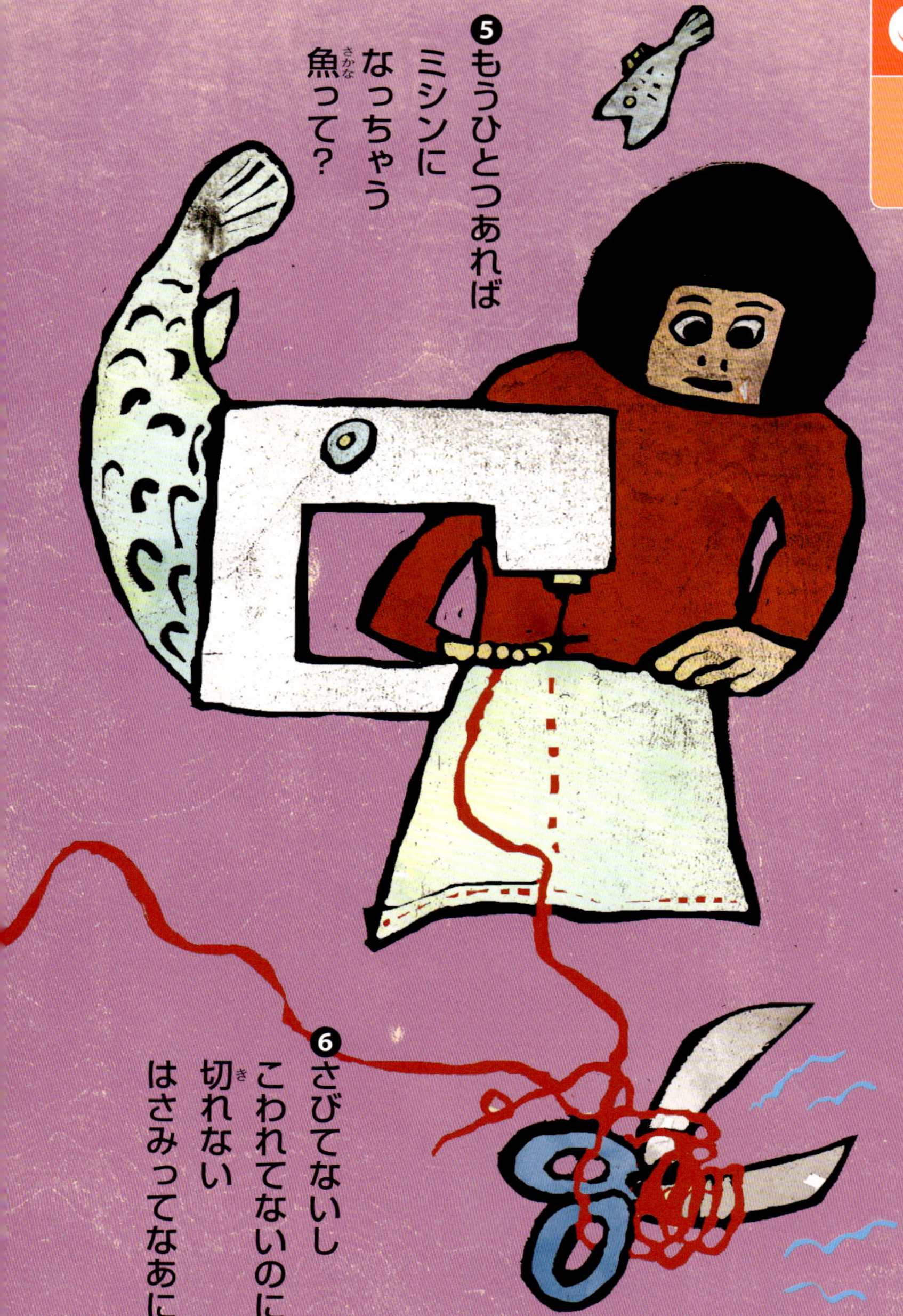

❺もうひとつあれば
ミシンに
なっちゃう
魚《さかな》って？

❻さびてないし
こわれてないのに、
切《き》れない
はさみってなあに？

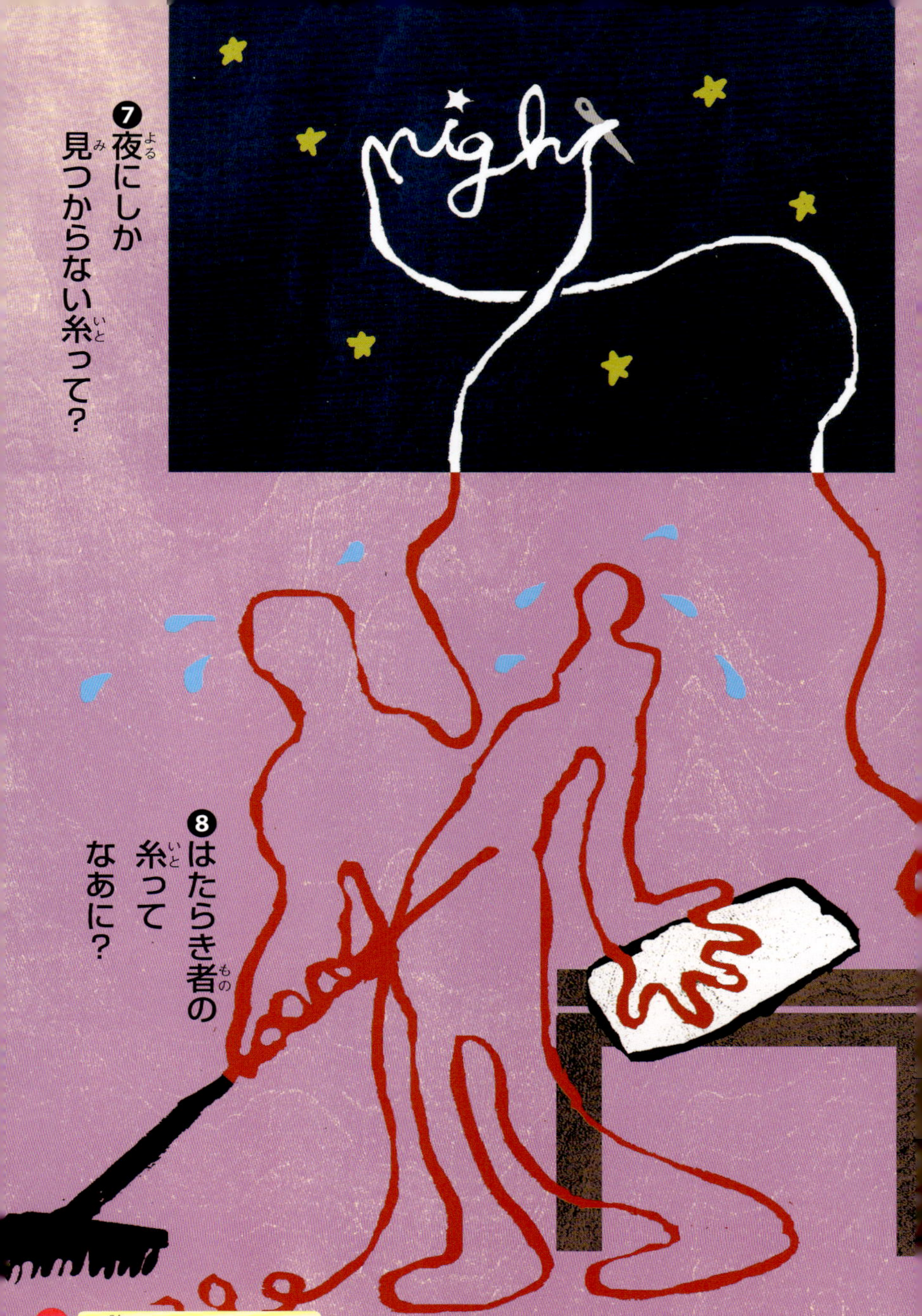

❼夜《よる》にしか見《み》つからない糸《いと》って？

❽はたらき者《もの》の糸《いと》ってなあに？

答《こた》えは70ページにあるよ

❾応《おう》えんしたくなる糸《いと》ってなあに？

❿教室《きょうしつ》で見《み》かけるいろんな糸《いと》って？

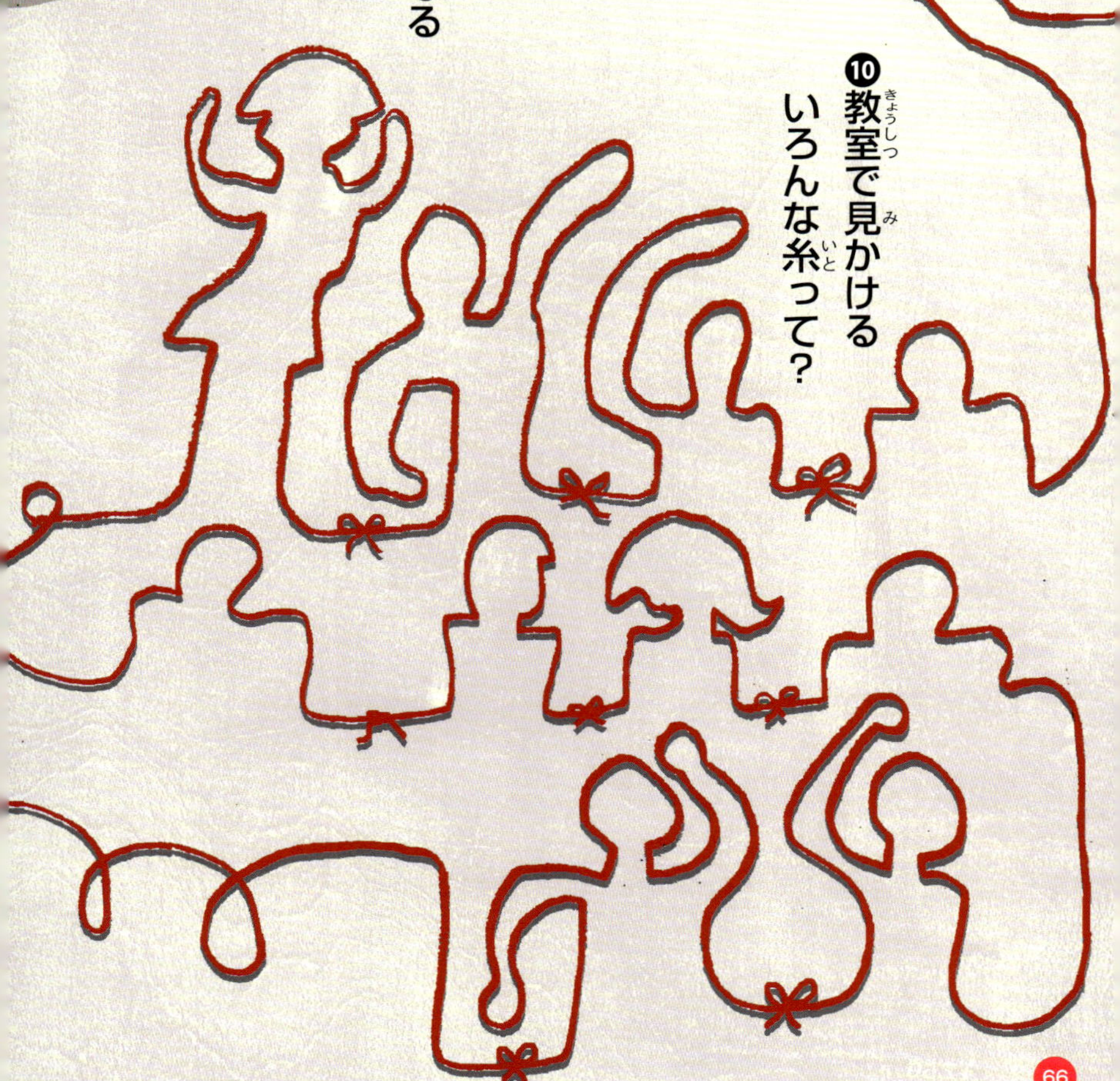

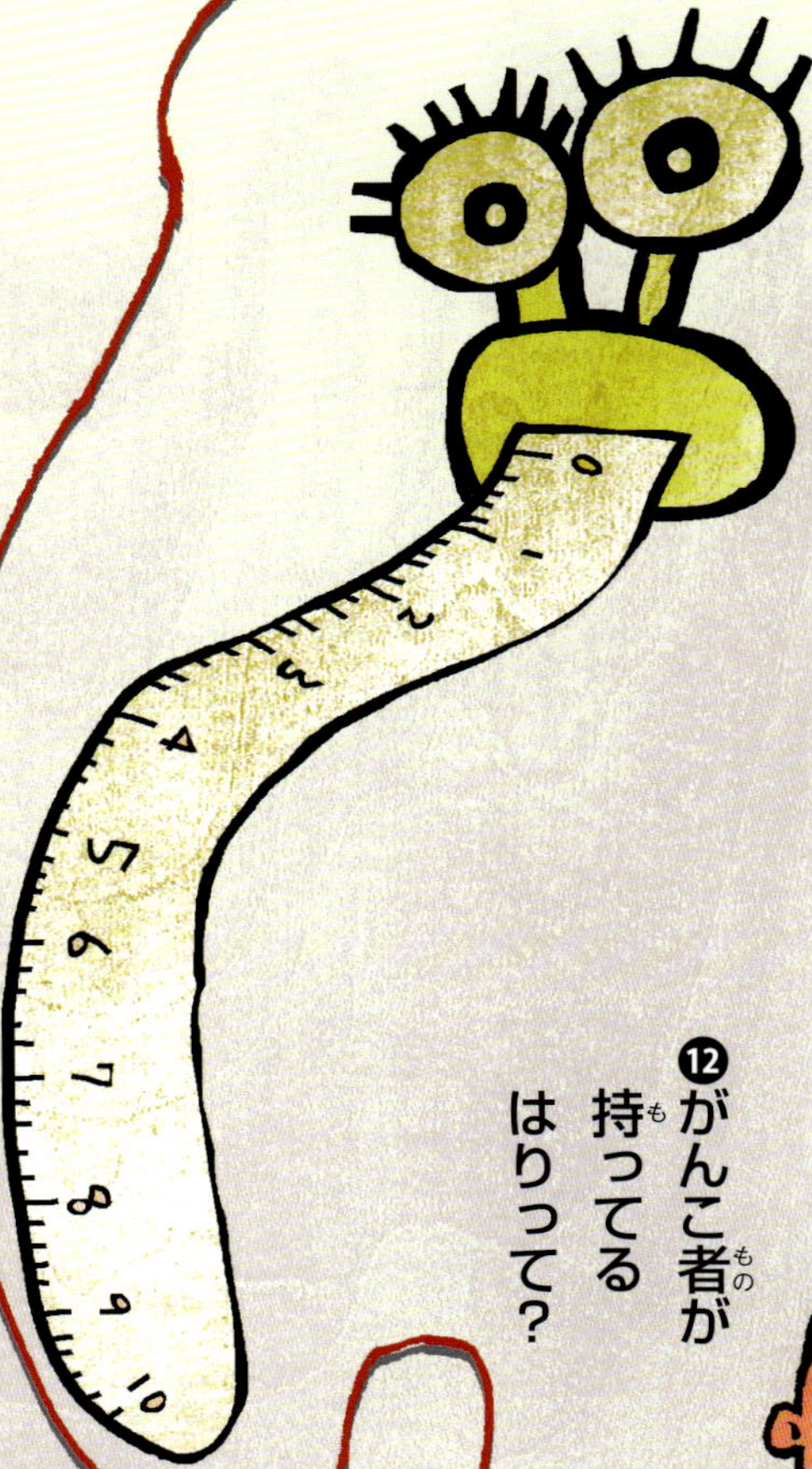

⑪てっぺんに目《め》があり、
長《なが》いしたをべろべろ出《だ》して
長《なが》さをはかる
ばけ物《もの》みたいなものは？

⑫がんこ者《もの》が
持《も》ってる
はりって？

答《こた》えは 70 ページにあるよ

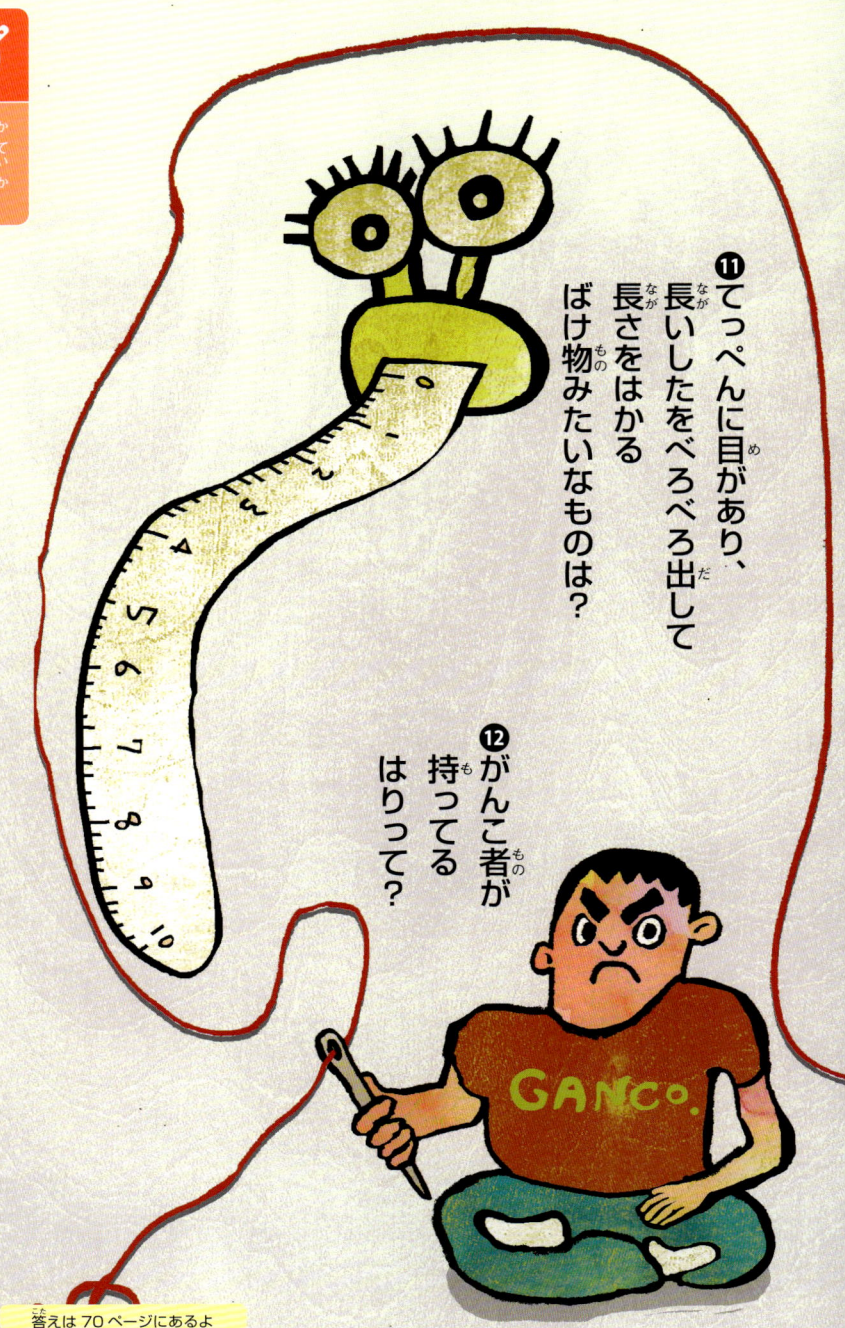

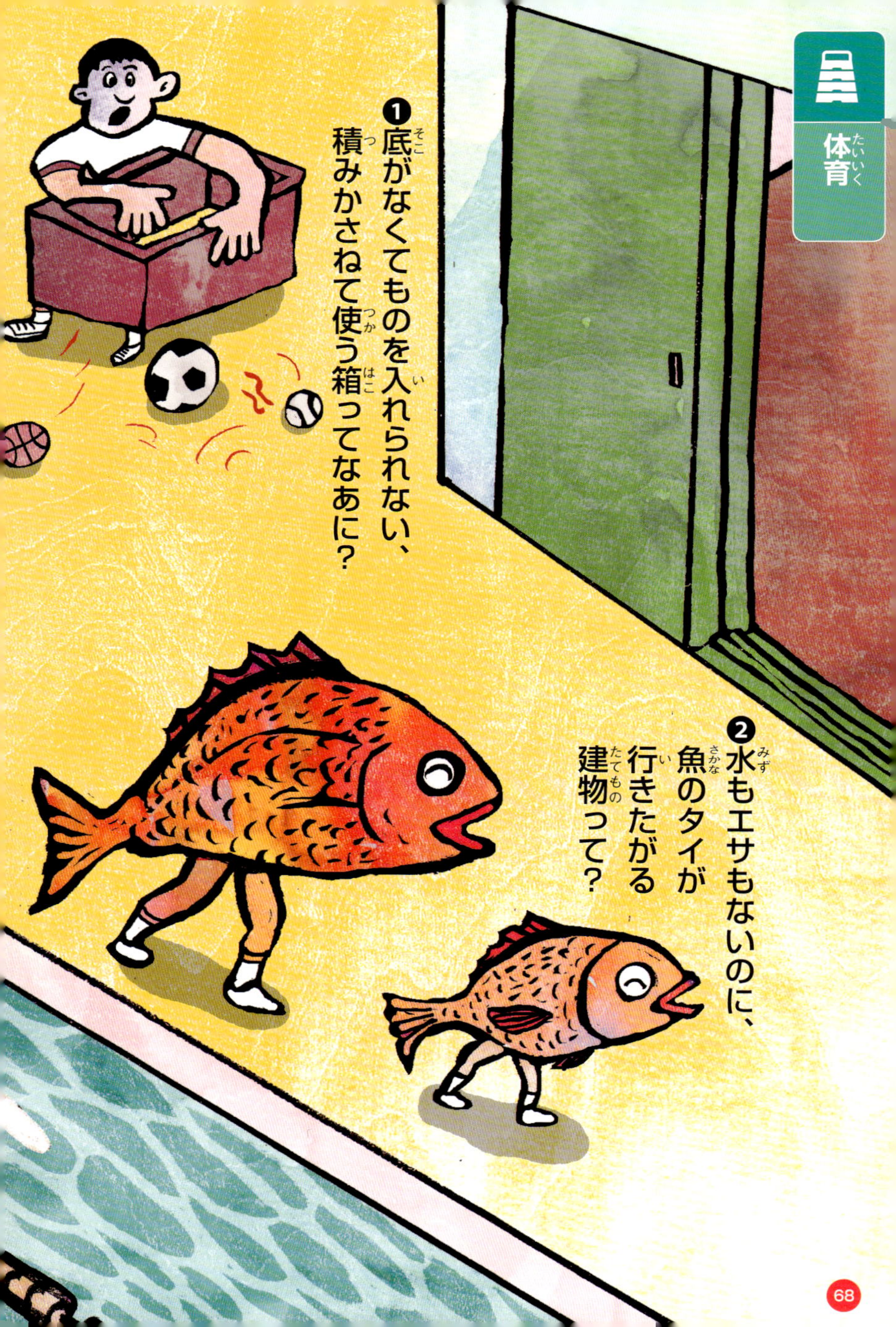

❶底《そこ》がなくてものを入《い》れられない、積《つ》みかさねて使《つか》う箱《はこ》ってなあに？

❷水《みず》もエサもないのに、魚《さかな》のタイが行《い》きたがる建物《たてもの》って？

❸めんどうだって
なん度《ど》もいいながら
やるスポーツは
なあに？

❹魚《さかな》たちの
水泳大会《すいえいたいかい》で
タコは
なん番《ばん》だった？

答《こた》えは 70 ページにあるよ

図工《ずこう》

❺ばれん
ばれんは、ばれんウソをつくのがうまい。どんなウソをつくのかな。

❻ホチキス
ホチキスのキスはなかなかとれない。パチンと痛《いた》いキスだよ。

❼灰色《はいいろ》
「はい！」ときちんと返事《へんじ》をする、まじめで礼《れい》ぎ正《ただ》しい灰色《はいいろ》さんです。

❽赤《あか》ちゃん
クレヨンや色《いろ》えんぴつには「赤《あか》」がある。古《ふる》くなってもかわいい赤《あか》ちゃんだ♪

家庭科《かていか》

❶貯金《ちょきん》
チョッキンチョッキンとためていく。たくさんチョッキンしたい！

❷刺《し》しゅう
ポエムとは詩《し》のことで、詩《し》を集《あつ》めた本《ほん》を詩集《ししゅう》というんだよ。

❸やはり
ハリはハリでも、やはり。やはりきみにはかんたんすぎたかな？

❹さいほうだから
法律《ほうりつ》を守《まも》らないことは「違法《いほう》」。服《ふく》をつくるのは「さいほう」だね。

❺ニシン
ニシンの二の字《じ》に、一本線《いっぽんせん》をたすとミシン。魚《さかな》からさいほう道具《どうぐ》に変身《へんしん》だ！

❻せんたくばさみ
せんたくばさみはこわれてなくても切《き》れない。でも、はさみははさみだ。

❼ナイト
夜《よる》を英語《えいご》で「ナイト」という。糸《いと》でナイトにぬいものしナイトね。

❽アルバイト
イトはイトでもアルバイト。ぬいものアルバイトだったりして？

❾ファイト！
イトはイトでもファイト！　がんばれって意味《いみ》だよ。

❿生徒《せいと》
教室《きょうしつ》にあるたくさんのイト。正体《しょうたい》は生徒《せいと》。そう、きみもイトなのさ！

⓫メジャー
いちばん上《うえ》には「め」の文字《もじ》があるよね。そして長《なが》いしたで長《なが》さをはかる！

⓬いじっぱり
がんこな人《ひと》は意地《いじ》ばっかりはるからね〜。

体育《たいいく》

❶とび箱《ばこ》
とび箱《ばこ》は中《なか》にものを入《い》れるための箱《はこ》じゃない。きみはなん段《だん》までとべる？

❷体育館《たいいくかん》
魚《さかな》が行《い》っても、水族館《すいぞくかん》じゃないよ。タイが行《い》く館《かん》だから、体育館《たいいくかん》！

❸けん道《どう》
けん道《どう》はかけ声《ごえ》で「めーん！」「どう！」っていうからねー。

❹9番《ばん》
タコの手足《てあし》には、吸《きゅう》ばんがついてるでしょ。だから9番《ばん》さ。

なぞなぞのつくりかた❷ 特《とく》ちょうからつくる

ものの特《とく》ちょうをつかんで、問題《もんだい》にする方法《ほうほう》だよ。使《つか》いかたや色《いろ》、においや形《かたち》など、じっくり観察《かんさつ》しよう。

❶なぞなぞの問題《もんだい》にしたいものをきめて、特《とく》ちょうをたくさん書《か》きだそう。見《み》た目《め》や使《つか》いかたなど、なんでもOK！

茶《ちゃ》わん

食器《しょっき》・広《ひろ》く口《くち》が開《あ》いている・あつあつのごはんを入《い》れる
ごはんを食《た》べたら空《から》になる・落《お》としたらわれる

シャープペンシル

文《ぶん》ぼう具《ぐ》・字《じ》を書《か》く道具《どうぐ》・細《ほそ》い
てっぺんをノックしてしんを出《だ》す・使《つか》うときにしんを出《だ》す

❷書《か》きだした特《とく》ちょうを組《く》みあわせて、文《ぶん》をつくったら完成《かんせい》！
なぞめいた文《ぶん》になるように工夫《くふう》してつくろう。

完成《かんせい》！

いつも大《おお》きな口《くち》を開《あ》けっぱなしにしていて、
あつあつのごはんを口《くち》から出《だ》し入《い》れされるのはだれ？
（答《こた》え：茶《ちゃ》わん）

完成《かんせい》！

頭《あたま》をノックされるとはりをはきだし、
細《ほそ》い体《からだ》で仕事《しごと》をはじめるのはだれ？
（答《こた》え：シャープペンシル）

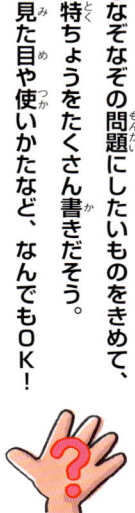

5 その布《ぬの》を使《つか》うと、半分《はんぶん》だけ勝《か》てるんだって。どんな布《ぬの》?

6 どこに投《な》げたらいいのかわからなくなるボール遊《あそ》びは?

ガタガタボール ボウリング

❼さすんじゃなくて、しめるハチって？

❽ボウリング場《じょう》でこわれかけているのはどこ？

答《こた》えは 78 ページにあるよ

❾ 4ひきのネズミの運動会《うんどうかい》。
雨《あめ》がふってきてどうなった？

❿ すもうをとる
場所《ばしょ》にいる、
もうじゅうって
なあに？

⓫すもうとりがこしにむすんで連《つ》れている鳥《とり》ってなあに？

⓬食器《しょっき》を持《も》ちながらおどるダンスって？

答《こた》えは 78 ページにあるよ

⑬プールのそばで見《み》つかる、いどって？

⑭水泳選手《すいえいせんしゅ》の得意《とくい》なあげ物《もの》料理《りょうり》ってなあに？

⑮ビーチボールに入《はい》っているのは空気《くうき》、ではうきわの中《なか》に入《はい》っているのは？

⑯学校《がっこう》の中《なか》でおならを売《う》っているのはどこ？

答《こた》えは78ページにあるよ

体育《たいいく》

❺ハンカチ

半分《はんぶん》勝《か》つから、ハンカチ。どうせなら全部《ぜんぶ》勝《か》ちたいけどね……。

❻ドッジボール

ドッチボール、ど、どっちに投《な》げたらいいの～？　わかんない～！

❼ハチマキ

ハチマキはおでこにしめるものだね。キュッとしめてがんばれ！

❽ガター

レーンのはしにあるみぞのことを「ガター」というよ。ガッタガタ！

❾中止《ちゅうし》した

チュウが４だから中止《ちゅうし》！　このメンバーではずっと開《かい》さいできないね。

❿ヒョウ

すもうをする場所《ばしょ》は土俵《どひょう》だね。ふみつけてたら、ガオーっていうかな？

⓫まわし

ワシはワシでもまわし。おすもうさんが、こしにまいている帯《おび》のこと。

⓬フォークダンス

はしダンス？　スプーンダンス？　正解《せいかい》は、フォークダンス！

⓭プールサイド

プールサイドは、プールの周《まわ》りにあるひと休《やす》みする場所《ばしょ》だよ。

⓮バタフライ

バタフライは泳《およ》ぎかたのひとつだけど、なんとなくおいしそうだよねー。

⓯人《ひと》

空気《くうき》と答《こた》えたらブー！　うきわの真《ま》ん中《なか》には、泳《およ》げない人《ひと》が入《はい》るもんね。

⓰プール

プを売《う》るからプ売《う》る、プール。おならなんて買《か》う人《ひと》いないけどね……。

コラム

なぞなぞのつくりかた ❸ 言葉《ことば》を分解《ぶんかい》してつくる

ひとつの言葉《ことば》をふたつ以上《いじょう》に分解《ぶんかい》してつくるなぞなぞだよ。いろんなところで区切《くぎ》ってさがしてみよう。

❶なぞなぞにしたい言葉《ことば》をひらがなで書《か》いてみよう。言葉《ことば》をよく見《み》ると、ふたつの語《ご》でできているものがあるよ。見《み》つかった語《ご》のかんたんな意味《いみ》や使《つか》いかたなども書《か》いておこう。

りんご →「りん」…すずの音《おと》 「ご」…5

シンバル →「しん」…新《あたら》しい、しん、シーン
「はる（ばる）」…春《はる》、ぺたっとはる

めだか →「め」…目《め》、芽《め》 「たか（だか）」…鳥《とり》のタカ、高《たか》い

こんなときどうする？

見《み》つからないときは、ほかの言葉《ことば》で試《ため》してみよう。

ひとつだけ見《み》つかったときは、37ページのつくりかたでつくってみよう。

❷見《み》つかった語《ご》を組《く》みあわせて問題《もんだい》をつくろう。よく考《かんが》えて、なぞなぞらしくつくってみよう。

完成《かんせい》！ **すずを5回《かい》鳴《な》らしているくだものは？**

（答《こた》え：りんご）

完成《かんせい》！ **新《あたら》しい春《はる》が来《く》ると音《おと》が鳴《な》る楽器《がっき》は？**

（答《こた》え：シンバル）

完成《かんせい》！ **しんをぺたっとはりたくなる楽器《がっき》は？**

（答《こた》え：シンバル）

完成《かんせい》！ **頭《あたま》のてっぺんに目《め》があるタカって？**

（答《こた》え：めだか）

文・ながた　みかこ
第20回福島正実記念 SF 童話賞（2002年）を『宇宙ダコ ミシェール』で大賞受賞。回文・早口言葉・だじゃれ・アナグラム・同音異義語・つけたし言葉など、言葉遊び全般の作品を手がける。『みんなでグルグル　回文あそび』シリーズ、『みんなでワイワイ　早口ことば』シリーズ（以上、汐文社）、『超ばかうけ!!　ダジャレクイズ』（ポプラ社）など、著書多数。

絵・多屋　光孫（たや・みつひろ）
絵本、紙芝居作家。イラストレーター。装丁家。絵画講師。有限会社多屋孫書店（和歌山県）非常勤書店員。2015 年に脱サラし独立。子どもの本からファッションイラストまで幅広いジャンルを手がけている。2014 年二科展デザイン部マルチグラフィック大賞ほか特選賞、奨励賞など計 5 回受賞。『くじらやま』（童心社、紙芝居）、『よるこぞう』（すずき出版） など。

デザイン・芝山雅彦（スパイス）
コラム イラスト・すみもとななみ
担当編集・門脇大

校内放送でつかえる
学校なぞなぞ ❶授業編

2018年12月 初版第 1 刷発行
2021年 4月 初版第 3 刷発行
文　ながたみかこ
絵　多屋光孫
発行者　小安宏幸
発行所　株式会社汐文社
〒 102-0071　東京都千代田区富士見 1-6-1 富士見ビル 1F
TEL 03-6862-5200　FAX 03-6862-5202
https://www.choubunsha.com/
印刷　新星社西川印刷株式会社
製本　東京美術紙工協業組合

ISBN 978-4-8113-2558-3　NDC798